LE GUIDE

DU

VRAI RÉPUBLICAIN

Par le F.·. citoyen MORTERA.·.

Serrurier-Mécanicien, Ingénieur hydraulicien.

2 vol. in-8

paraissant en 20 Livraisons, de 3 feuilles ou 48 pages.

Prix de la Livraison : 50 c.

Les premières pages du premier volume sont une introduction très intéressante pour tous, et contiennent quelques détails des événements de Paris et autres qui intéressent tous les lecteurs.

Les Livraisons paraîtront toutes les quinzaines.

Livraison.

PARIS

CHEZ MARTINON, LIBRAIRE-EDITEUR,

rue du Coq-St-Honoré, 4.

GUILLAUMAIN, Libraire, rue Richelieu, 14.

1848.

LE GUIDE

DU

VRAI RÉPUBLICAIN.

INTRODUCTION.

MES CHERS CONCITOYENS, MES FRÈRES ET MES EGAUX,

Il y a quelques jours, nous croupissions encore sous un système d'administration odieux et corrupteur.

Mais aujourd'hui, citoyens, l'amas immonde des institutions de la royauté a été balayé de notre patrie; le soleil radieux de la République, en dissipant à jamais les nuages et les ténèbres dont nous étions entourés, nous montre un horizon immense à parcourir, et cependant, quelques semaines auparavant, nul de nous n'aurait osé espérer le bonheur dont il nous est donné de jouir. Notre révolution est faite, mais notre évolution commence : nous avons renversé un vieil édifice, c'est un édifice nouveau qu'il nous faut construire. L'enthousiasme avec lequel la population tout entière a reçu la proclamation du Gouvernement républicain, nous a prouvé que la République, notre mère, est dans tous les cœurs français. Le peuple est vraiment républicain d'instinct; par une loi de nature, le républicanisme est dans son sang, il est né avec lui. Cependant, mes frères, il ne faut pas nous faire illusion; ce qui est dans le cœur n'est point encore assez dans l'esprit, et l'éducation républicaine du peuple est toute à faire, pour ainsi dire. Hâtons-nous donc, mes frères, de nous instruire et de développer notre intelligence. Un jour viendra, jour très-rapproché assurément, le peuple en masse, comprenant enfin toute l'étendue de ses droits, saura les revendiquer tous et tous les obtenir. Mais il faut pour cela que les hommes du peuple qui, plus avancés que leurs frères sur la route du progrès, sont ou croient être capables de les instruire, s'empressent de leur communiquer par tous les moyens que nous donne la liberté, les connaissances nécessaires et indispensables qui manquent aux masses populaires. Il faut que par la plume, ou par la parole, ou par les journaux, ou par des discours prononcés dans les clubs, et chez les particuliers et sur les places publiques, ou par des affiches, etc., tout citoyen qui se sent apte à éclairer ses frères d'une façon quelconque, prenne cette mission avec courage, énergie et persévérance.

Oui, mes frères, notre glorieuse révolution de février 1848 a rendu palpitantes d'intérêt et d'urgence une foule de questions qui doivent être discutées, éclaircies et comprises partout, afin que la solution en soit donnée au plus vite, pour le plus grand bien des travailleurs. Nous mettons au premier rang l'anéantissement de tous les moyens de despotisme en général, et l'organisation du peuple en assemblées politiques. Ces assemblées sont de la plus haute importance pour l'éducation de la nation tout entière; elles offrent des facilités immenses pour l'exercice du droit de pétition. Elles sont un moyen infaillible de faire connaître à l'autorité les vrais besoins du peuple ; par elles seules on peut procéder aux élections, qui intéressent à un si haut point le salut de la patrie. D'autres problèmes non moins graves appellent notre attention : l'organisation du travail et la création d'ateliers nationaux destinés à offrir à tous les travailleurs sans ouvrage des travaux honorables et bien rétribués ; la refonte complète des administrations des hospices : il faut qu'à l'avenir l'admission aux hôpitaux ne soit plus une honte, une aumône, mais un droit dont personne ne rougira de demander l'application ; il faut surtout que les administrateurs insatiables ne puissent s'enrichir aux dépens de la vie des malades.

Nous voulons la réformation du clergé, afin que ne se renouvellent plus ces honteux scandales qui déshonorent depuis des siècles les nations qui les tolèrent. Il ne faut pas non plus que des gens qui osent parler de charité évangélique puissent impunément s'engraisser du produit des aumônes qu'on les charge de distribuer ; l'expulsion des ordres prétendus religieux en général et en particulier de l'ordre des jésuites ; il y a longtemps que la nation l'a marquée d'une note d'infamie ; la réorganisation entière de l'instruction publique, dont les bienfaits doivent être répandus sur tous indistinctement ; par conséquent, la création d'écoles nationales pour les enfants adultes des deux sexes, sous la direction de citoyens instruits et connus pour leur civisme. L'instruction et l'éducation nationales ne doivent plus, à l'avenir, être confiées à des prêtres ou à des frères qui abrutissent au lieu d'éclairer, et qui se sont faits jusqu'à ce jour les instruments de tous les despotismes ; la création, dans toutes les communes de la France, d'administrations chargées de veiller et pourvoir à la subsistance de ceux qui, soit par défaut de travail, soit en raison de leur jeunesse et de leur grand âge ne peuvent trouver dans leurs bras la subsistance du citoyen valide ; l'application d'une économie politique socialiste qui, reconnaissant à tout citoyen la faculté de produire, lui reconnaisse en même temps le droit de consommer ; l'extinction du paupérisme.

J'aborderai toutes ces questions : pour chacune, je placerai dans cet ouvrage un traité spécial. Je ferai tous mes efforts pour éclairer mon pays sur le mal qui le tourmente, et je chercherai, de plus, à lui donner, ce qui vaut mieux, un remède à ses souffrances, ou plutôt en éclairant tous mes frères travailleurs, je les mettrai, selon mes forces, en état de guérir eux-mêmes les plaies de la société.

Mes chers concitoyens, tout être fort est calme, confiant, généreux ; tout être faible est ombrageux et cruel. La veille d'une révolution, le peuple est régicide en masse ; le lendemain de sa victoire, il est clément, il pardonne même à son tyran. La conscience de sa force donne au peuple vainqueur une générosité d'âme qui lui était inconnue, lorsque se croyant plus faible que son dominateur, il se courbait sous ses coups. Mais aujourd'hui, le peuple a vaincu la royauté, et il a précipité de son trône ce vieillard insensé qui, dans son orgueil, se croyait plus puissant qu'une nation entière, et pas un homme n'a blâmé le Gouvernement provisoire d'avoir laissé partir sain et sauf celui qui s'était abreuvé de la sueur de tous les citoyens ; mais le peuple qui ne veut pas de sang, veut cependant justice ; il a vu que la royauté n'était que le faîte, le couronnement d'un impur édifice qu'on nomme *privilége.*

Il a vaincu la royauté, il a respecté la personne du roi, mais comme homme ; de même il vaincra tous les priviléges, mais il épargnera tous les privilégiés. Le gouvernement populaire a mis en tête de tous ses décrets : *Liberté*, *Egalité*, *Fraternité*. Le peuple, qui a compris ces trois mots sublimes, ne saura pas plus forfaire à la fraternité qu'à la liberté, qu'à l'égalité. Mais il n'est qu'un moyen d'arrêter l'effusion du sang, c'est l'union sympathique du peuple ; le peuple sera non-seulement un appui contre le gouvernement démocratique, mais il sera en même temps un épouvantail pour les misérables qui, n'écoutant que leur fureur et leur cupidité, voudraient piller, incendier et massacrer.

Le peuple armé sera la terreur des conspirations réactionnaires. En même temps qu'il sera le gardien de la vie de tous les citoyens, quels qu'ils soient ; car il est certain qu'en présence de sa formidable tenue, aucune aristocratie n'osera relever la tête, certain qu'aucun gouvernement ne se risquera désormais à tromper ses légitimes espérances, le peuple donnera aux mandataires de sa volonté le temps de résoudre les questions dont il attend la solution.

Travailleurs, mes frères, que peut-on faire maintenant pour notre cause? Agir en vertu des droits d'association proclamés par la République française. Or, le jour est venu pour agir, c'est à nous qu'il appartient d'agir dans l'intérêt de notre propre cause, il y va de notre vie et de notre bonheur. Nous avions conquis nos droits, il nous reste à remplir nos devoirs ; il dépend de nous de sortir, si nous le voulons fermement, du dédale de misère, de douleur, d'abaissement où nous languissions depuis si longtemps ; voulons-nous assurer un heureux avenir à nos enfants, et à nous-mêmes le repos pour notre vieillesse, nous le pouvons en nous unissant tous ensemble; notre action à nous ce n'est pas la destruction; non, car la destruction, au lieu de remédier à nos maux, ne ferait que les accroître; notre action, à nous tous, nous n'en avons qu'une légale et légitime, avouable devant Dieu et devant les hommes; elle embrasse le bonheur de l'humanité toute entière; ne restons pas dans l'isolement; isolés, nous serions faibles. Réunissons-nous.

Tout en nous occupant de nos droits politiques, occupons-nous aussi d'organisation du travail. L'organisation du travail est le point capital de l'ordre pour le présent et pour l'avenir.

Que les travailleurs aient de l'ouvrage sans interruption; qu'ils puissent vivre honorablement en travaillant; en un mot, qu'une balance de bénéfices équitable soit assurée aux deux parts, à l'ouvrier comme au patron. En conséquence, et sans suspendre nos travaux, que des comités se forment dans les divers corps de métiers, et que les représentants de l'industrie portent avec calme leurs réclamations à l'autorité établie pour cette cause; ce sera le vrai moyen d'organiser la politique et le travail; je dois appeler l'attention de tous mes frères travailleurs, de toutes les classes et de toutes les corporations, sur toutes les questions qui les concernent, et auxquelles, par conséquent, ils ne sauraient demeurer indifférents; le principe du droit au travail, nié toujours par les gouvernements du passé, est franchement reconnu par notre gouvernement actuel; mais bien que nous connaissions les théories émises sur cette importante question, par Louis Blanc, président de la commission du travail, nous ne dissimulerons pas combien il nous paraît y avoir loin de la théorie à la pratique, et combien la solution d'une pareille question présente de difficultés; mais le difficile n'est pas l'impossible; et nous avons l'espoir que la commission (1) saura remplir dignement

(1) Le cours des événements a été assez rapide depuis que ces lignes

la tâche qu'elle s'est imposée. Tout le mal social naît de la misère. Cette misère, d'où vient-elle? Voilà ce dont nous devons, avant tout, nous préoccuper. Pour nous, la misère vient de l'inégalité, et cela est évident; la misère disparaîtra, quand l'égalité entre tous les citoyens d'une même patrie sera, non plus un mot, mais un fait. La commission de l'organisation du travail doit donc, dans toutes ses mesures, dans tous ses décrets, avoir pour principe de se rapprocher de plus en plus de l'égalité.

Nous savons bien qu'il est impossible, sans froisser trop violemment les personnes, de faire disparaître aujourd'hui les énormes distances qui séparent, en général, le maître de l'ouvrier; nous savons bien aussi que le maître, s'il a compris la devise du Gouvernement: *Liberté*, *Egalité*, *Fraternité*, ne devra pas se révolter contre des mesures qui pourront attaquer, non sa personne, mais des priviléges de profit qu'il s'est habitué, à tort, à considérer comme un droit légitime. D'ailleurs, que les patrons le sachent, la République saura toujours protéger tous ses enfants, et ceux que les principes nouveaux semblent en quelque sorte déposséder, trouveront auprès d'elle des compensations raisonnables et conformes à l'équité.

Cette question de la misère ne peut être résolue qu'au milieu du calme, en présence d'un peuple fort qui la réclame, et surtout avec le concours désintéressé de tous les possesseurs, concours qui ne doit pas être seulement considéré comme un don volontaire et individuel, mais encore apporté au nom du Dieu très bon et très grand,

ont été tracées. Bien des choses, bien des hommes ont été submergés depuis, mais nous ne nous sommes pas senti le courage d'effacer nos premières impressions.

éternel principe du monde. Nous ne pouvons nous dissimuler quel nombre immense de nécessiteux attendent du pain et du travail, et quelle immense somme de capitaux devra nécessairement être placée entre les mains du gouvernement, pour satisfaire à leurs légitimes réclamations. Comment le gouvernement y satisfera-t-il? comment se procurera-t-il ces fonds? La difficulté est très grande, quelle que soit l'apparente sécurité de nos hommes de finances actuels, nous ne voyons pas le trésor aussi riche qu'ils le prétendent, pour faire face aux nécessités du nouvel ordre social, c'est-à-dire à la satisfaction des besoins matériels du peuple, satisfaction dont nos gouvernants passés ne s'étaient jamais préoccupés.

Oui, mes frères, *le travail* deviendra le but des gouvernements qui n'ont rêvé jusqu'ici que l'agression et la défense; l'*association* et la discipline seront consacrées par la loi; les richesses de la société se décupleront *avec moins d'efforts;* la *direction* saura féconder les produits, chacun en aura sa part suivant son activité et son talent, et l'éducation enseignera les moyens de l'employer d'une manière utile. L'abondance et la joie que donnent le travail et la liberté réchauffent le cœur de l'homme; le gouvernement actuel a proclamé le droit au travail de tous les citoyens. Il a proclamé le droit d'association et la participation du travailleur aux bénéfices de son travail; sa sollicitude s'étend à tous; la concurrence désastreuse créée par les couvents, par les congrégations, par les prisons, est abolie; l'organisation du travail absorbe tous les moments de la Commission instituée pour résoudre cette importante question. D'où vient pourtant, qu'à l'heure même où la République, proclamée en France, fait le tour du monde et met les puissances étrangères dans l'impossibilité de porter la moindre atteinte à notre régénération sociale, d'où vient que les ateliers restent déserts, que l'industrie ne reprend pas son activité ordinaire, que la stagnation des affaires continue?

La stagnation des affaires a pour cause immédiate la rareté du numéraire; l'abandon des ateliers, l'inaction de l'industrie tiennent à cette excitation fébrile qui retient tout le monde sur les places, dans les rues; de là l'origine du désordre; l'ordre pourtant est une des conditions essentielles du commerce; les transactions, les changes, les spéculations commerciales reposent sur la stabilité des pouvoirs, sur le crédit, sur la confiance. La consommation est suspendue, arrêtée, anéantie, si la défiance s'empare des esprits. Que la confiance renaisse, et la consommation se ranime, s'augmente et finit par prendre un essor prodigieux. Vous tous qui, comme moi, consacrez vos instants, vos jours, votre vie au travail, comprenez donc, répétez donc à tous ceux que vous entourez, que la richesse de toute cité, que le bien-être de notre population, que la fortune de l'Etat lui-même est entre les mains des travailleurs; que les esprits se tranquillisent, que les places publiques soient calmes, que les droits du travail, de la propriété, du capital soient respectés, la confiance renaîtra, le numéraire reparaîtra, la consommation se ranimera, et pour atteindre ce but, il ne faut qu'une seule chose, que tous les travailleurs reprennent leurs occupations; il ne suffit pas que l'avénement de notre République ait été pur de toute réaction et de désastres politiques, il faut encore que le gouvernement du peuple par le peuple se signale par l'inauguration de l'ordre, de l'économie et du travail.

Mes frères, travaillons, nous tous qui voulons sincèrement le maintien des institutions républicaines, leur application à toutes les branches de l'industrie, leur développement, leur progression rapide, pénétrons-nous bien de cette vérité, que le calme, la tranquillité, l'ordre font naître et soutiennent la confiance, que le crédit est le corollaire de la confiance; qu'avec le crédit, se multiplient les transactions commerciales, les entreprises industrielles, les spéculations de toute espèce qui répandent à leur tour la vie, le bien-être et le bonheur dans toutes les classes de la société.

Oui, mes frères, un jour de chômage est une perte pour l'ouvrier, pour le fabricant, pour le patron, pour la cité, pour la nation, pour le monde tout entier; n'êtes-vous pas d'ailleurs les premières victimes de cette interruption, de ce chômage, conséquence forcée des troubles et des désordres? Ne participez-vous pas vous-mêmes à ce capital frappé de stérilité? Le capital réel, sachez-le bien, ce n'est pas seulement l'argent; les écus ne sont que le signe représentatif du capital, dans la composition duquel l'argent n'entre que pour une minime portion. Ce qui constitue véritablement le capital, c'est l'économie. L'or n'est que la forme transitoire de l'épargne; lorsqu'avec une somme plus ou moins forte, toujours péniblement amassée, le manœuvre achète sa première pioche, le voiturier son premier cheval, l'ouvrier son métier, le fabricant son atelier, le commis une manufacture, ils se créent un capital dont l'exploitation augmente leurs produits et leurs bénéfices; tout ce qui sert à l'industrie, au commerce, à la spéculation, tous les instruments de travail constituant le capital. Vous voyez donc, mes frères, que l'économie est la véritable ressource du travailleur, et qu'avec elle nous atteindrons à une solution satisfaisante du problème qui nous agite.

Travailleurs, mes frères, une foule de misérables intrigants, oubliant que d'un souffle le peuple vient de pulvériser un trône, osent rêver la restauration de l'odieux système que nous avons à jamais fait rentrer dans le néant. Il faut que vous en soyez avertis, l'aristocratie espère que le désaccord naîtra parmi nous. Ils s'efforcent de répandre la froideur et la désunion. De lâches corrupteurs, lancés et payés par des ennemis plus lâches encore, répandent en secret des sommes d'argent dont ils ne peuvent justifier la source. Ils engagent les ouvriers à suspendre les travaux, et la plupart, ils savent que, grâce aux vols et aux soustractions frauduleuses qu'ils ont commises tant qu'ils ont eu la direction des affaires et la manipulation des deniers publics, le pouvoir actuel se trouve privé de ressources. En arrêtant ou en faisant arrêter les travaux partout, ces traîtres veulent mettre l'autorité dans l'impossibilité absolue de satisfaire aux demandes légitimes de secours que lui adressent les ouvriers sans travail. Eh bien ! *travailleurs*, persistons dans notre œuvre fraternelle, et réduisons-nous, même dans notre nécessaire, le plus étroitement possible, pour tromper dans leur attente ces corrupteurs ; ils espèrent, qu'exaspérés par la faim et trompés sur leurs véritables intérêts, les ouvriers s'en prendront aux autorités républicaines et à la République elle-même de tous leurs maux. Ouvriers travailleurs, que l'espoir coupable de ces misérables soit déçu par votre sagesse ; rapprochez-vous des autorités que vous avez nommées au jour de l'insurrection, et si une cabale réactionnaire menaçait la société d'un coup de main, que par votre constance elle soit anéantie.

Travailleurs, mes frères, il est urgent que je place sous vos yeux un fait qui s'est passé à Lyon et en ma présence. Il s'agissait de traiter les questions les plus importantes, entre autres les relations internationales.

Dans une réunion de plusieurs centaines de personnes, il a été prononcé un discours concluant au renvoi des étrangers qui séjournent en France. Quelle qu'ait été la conduite des assistants à l'égard de plusieurs bons citoyens qui n'étaient pas de l'avis général, je n'accuserai point ceux qui ont lu ou applaudi ce malencontreux discours, j'examinerai seulement la question qu'il agite; j'ai cherché à ramener des frères égarés dans la voie de la vérité et de la justice. Chasser les étrangers du sol français, ce serait une action fausse et, en principe, inhumaine dans son application, terrible pour nous dans ses résultats. Oui, fausse en principe, car tous les peuples, comme tous les hommes, sont les enfants d'une mère commune, l'humanité; qu'importe qu'un homme soit Grec, Italien, Allemand, Russe, Espagnol; quand nous disons *les Français sont égaux*, ce n'est pas parce qu'ils sont Français, mais parce qu'ils sont hommes. Chasser les étrangers, de quelque nation qu'ils soient, c'est chasser nos égaux, nos frères; la mesure serait encore inhumaine dans son application, car les étrangers qui résident parmi nous y sont venus pour échapper à la misère, à l'absolutisme qui les torturait dans leur patrie; beaucoup sont établis, ont des familles en France; la plupart se sont mariés à des Françaises; en les expulsant, vous expulseriez un grand nombre de vos compatriotes, vous briseriez des positions, fruits de longues années de travail et d'économie, souvent de privations; ceux qui avaient considéré la France comme la patrie de la liberté, se trouveraient tout-à-coup privés de ce bien précieux, et cela sans avoir fait autre chose que ce que font chaque jour les Français qui les voudraient chasser.

Enfin, cette proscription serait terrible dans ses résultats; car il y a sur les terres de l'étranger, un nombre de Français au moins égal à celui des étrangers qui résident en France. Or, le contre-coup immédiat du renvoi des étrangers serait le retour forcé de tous nos compatriotes, il n'y aurait donc rien de changé matériellement, puisque le nombre des travailleurs serait le même; moralement, la France et la République seraient amoindries; car, de même qu'un homme n'est rien sans le concours de ses semblables, une nation n'est rien sans le concours des autres nations. Si la France a vu la République acceptée par toutes les nations, c'est qu'il existe, chez toutes les nations, pour la France, un fond d'amour et de confiance qu'elle a su mériter par ses vertus libérales, et surtout par son aménité à l'égard de tous les étrangers. Du jour où, reculant de quatre siècles, la France aurait la barbarie de retirer à ses enfants adoptifs le lait de ses bienfaisantes mamelles, tous les peuples de la terre la prendraient en exécration, et son nom, jusqu'alors vénéré, serait voué à la haine et au mépris des générations futures. Frères travailleurs, celui qui prend ici la défense des étrangers n'est pas un écrivain, c'est un pauvre travailleur comme vous, et c'est dans sa profession peut-être que les ouvriers ont le plus à souffrir des désastres de la concurrence étrangère. Quoi qu'il en soit, je vous fais connaître mon opinion parce qu'elle me paraît fondée sur les véritables principes et sur les véritables intérêts de la démocratie.

Une réaction royaliste est impossible; c'est là une vérité bien entendue, bien arrêtée, bien comprise par tous les démocrates; mais, qu'on le sache, elle n'est ni entendue, ni comprise par une certaine classe de gens qui ne pourront jamais, quoiqu'on en dise, se mettre dans l'idée qu'un roi est une superfétation aussi ridicule que coûteuse dans le gouvernement d'un peuple. La principale raison de l'obstination de ces gens-là, c'est que la royauté ne pouvant exister sans entraîner à sa suite une foule de priviléges, eux, possesseurs de ces priviléges, trouvent parfaitement leur compte sous le régime de la royauté; nous ne sommes plus au temps de dévouement chevaleresque à la personne des rois, et ceux qui les veulent aujourd'hui, ne les veulent qu'en vue d'une ambition étroite et personnelle; ces hommes cupides, ces fauteurs de la monarchie, on peut les reconnaître, quelque soient les ruses et les subterfuges qu'ils emploient, on doit les désigner à l'attention du peuple.

Citoyens, mes frères, quand vous verrez un homme, aristocrate hier, démocrate aujourd'hui, un de ces républicains que l'avénement de la République a fait surgir tout-à-coup, veillez-le, car les opinions qui ne datent que d'un jour ne peuvent être sincères; quand un homme, oublieux de toute modestie, se présentera devant vous, parlera de ses actions, de sa personne, de ce qu'il se croit et dit capable de faire au sein d'une Assemblée nationale, veillez-le; celui qui ambitionne quelque chose et ne sait pas s'effacer devant le fait social, celui qui ose reporter à sa personnalité quelques actions, le plus souvent insignifiantes, sera toujours un petit Louis XIV, qui dira : *L'Etat, c'est moi;* il croira avoir rempli son mandat, quand il aura obtenu quelque emploi lucratif, et comme la royauté peut seule offrir ces emplois-là, il voudra le rétablissement de la royauté.

Ainsi, lorsque l'un de ces hommes dont l'immoralité scandaleuse vous révolta toujours, se présentera, sans pudeur, au nom de la démocratie, et vous demandera le mandat de représentant; quand, souillé peut-être d'adultère, d'inceste ou d'escroquerie, il oubliera assez que la République doit être pure de vices et de crimes, pour solliciter l'honneur de lui donner des lois, — veillez-le. Rappelez-vous toujours ces paroles du plus grand homme des temps modernes : « L'argent et les femmes; voilà

« deux pierres de touche pour juger les hommes poli-
« tiques. »

La grande crainte ou le grand prétexte de l'aristocratie, à l'heure qu'il est, c'est l'idée communiste; s'il y avait moyen de rire dans un temps si sérieux, cette frayeur aurait de quoi nous divertir. Sous ce mot de communisme, on sous-entend le peuple, ses besoins, ses aspirations; ne confondons point, le peuple, c'est le peuple; le communisme, c'est l'avenir calomnié et incompris du peuple; la ruse est ici fort inutile; c'est le peuple qui vous gêne et qui vous inquiète; c'est la République dont vous craignez le développement; c'est le droit de tous que vous ne supportez pas sans malaise et sans dépit; un peu de réflexion vous remettrait pourtant l'esprit. La conquête que le peuple a faite de son droit, vous arrache-t-elle donc des mains le droit que vous exerciez, vous croyez-vous sous le régime de la Terreur; avons-nous demandé la tête du roi, de la reine, des princes et princesses? Avons-nous rasé les châteaux, persécuté les prêtres? Demandons-nous la loi agraire? D'ailleurs, outre que les fatales nécessités du passé n'existent plus, et qu'il serait impolitique de faire des victimes, vous nous outragez, vous nous calomniez, vous nous rabaissez, si vous niez que depuis plus d'un demi-siècle nous ne soyons pas devenus plus humains, plus sages, plus éclairés, plus religieux. Prenez garde, la peur que vous avez nous prouve peu de confiance en vous-mêmes; et si vous méconnaissez le progrès que nous avons pu faire, vous révélez que de votre part vous n'en avez fait aucun.

Cependant, le temps a marché pour tous. A moins que vous ne regrettiez la violence et la tyrannie, vous n'avez pas le droit de supposer gratuitement que nous les regrettons. Vous voilà donc épouvantés d'un fantôme créé par une panique dont tout Français devrait rougir, car la France est vaillante, héroïque; ses femmes et ses enfants mêmes sont des soldats intrépides, voulez-vous donc que le peuple dise que vous n'avez pas le cœur français, et que la possession des richesses rend poltron et visionnaire.

Ce fantôme, que vous n'osez même pas regarder en face, il vous plaît de l'appeler *communisme !* Vous voilà terrifiés par une idée, parce qu'il existe des sectes qui croient à cette idée, parce que c'est une croyance qui doit un jour se répandre et modifier peu à peu l'édifice social; en supposant que son triomphe soit prochain, savez-vous que si vous lui montrez tant de couardise ou d'aversion, si vous mettez vos mains devant vos yeux pour ne pas le voir, de même que si, vous armant de résolution, vous provoquez contre lui des haines aveugles, vous allez lui donner une importance, un ensemble, une lumière qu'il ne se flatte pas encore de posséder. Vous êtes toujours les hommes d'hier, vous croyez toujours que c'est par la lutte hostile et amère que vous pouvez sauver votre opinion, vous êtes dans une erreur inconcevable; vous ne voyez donc pas que l'égalité, à laquelle vous avez droit comme le peuple, ne s'établira que par la liberté; j'évoquerais aussi les titres de fraternité, si je pouvais croire qu'il existât parmi vous un cœur assez desséché pour que ce mot ne portât pas en lui-même toute sa définition, et la vertu qu'il possède de guérir les âmes et de les unir. Le peuple a remporté une grande victoire; son attitude ferme, calme et imposante vient de donner un éclatant démenti aux bruits absurdes que font courir sur son compte ceux qui regrettent, sans doute, de ne le plus tenir en esclavage.

Où sont-ils donc ces fauteurs de troubles? Où sont-ils donc ces féroces anarchistes? Où sont-ils donc ces gens qui ne veulent que sang et pillage (1)? Ils étaient réunis au nombre immense de 25,000 au mois de février et de mars; ils auraient pu, par leur masse, vous écraser tous, messieurs qui les calomniez, vos propriétés n'étaient-elles pas en leur puissance, car quelle force aviez-vous à opposer à cette force; vos vies ont été respectées, comme elles le seront toujours, vos propriétés ne les ont point tentés, elles ne les tenteront jamais; ils ont au cœur de plus nobles choses, de plus nobles besoins; il n'est donc plus de motifs pour votre peur, négociants, commerçants de toutes sortes, vous ne pouvez plus maintenant rejeter sur la crainte que vous inspire le peuple, la stagnation des affaires, la crise commerciale et la rareté du numéraire; il y a quelques jours, le peuple en masse était réuni comme un seul homme, il avait dans Lyon une force omnipotente, et il ne s'est servi de sa puissance que pour prouver le ridicule des accusations qu'on portait contre lui. Si le commerce souffre, ne vous en prenez plus à la peur, mais à la malveillance; si le numéraire devient de plus en plus rare, le parti réactionnaire seul est coupable; il veut, ce parti détestable, perdre la nation par famine; mais qu'il le sache, le gouvernement, appuyé comme il l'est sur les masses, sur l'accord qui unit ces masses, possède une puissance d'action au moyen de laquelle il se passera, s'il le faut, des capitaux que vous refusez à la circulation.

Il dépréciera, par un décret, votre numéraire, et, par la création d'un numéraire nouveau, il acquerra

(1) Jusqu'aux désastreuses journées du mois de juin, la République était restée pure de tout sang. Quels intérêts cachés, quelles malheureuses et sombres passions ont amené cette lutte fratricide, nous l'ignorons encore. L'histoire jettera un jour sa lumière sur ce triste épisode de la République.

ces richesses sur lesquelles vous vous appuyez en vain, et il fondera d'immenses ateliers nationaux agricoles, au moyen desquels il rendra fertile le cinquième de notre belle France, que votre absurde système avait su rendre inculte; à côté de vos fortunes individuelles s'élèvera une fortune sociale qui les rendra de nulle valeur.

Arrêtez-vous donc sur la pente fatale où vous vous lancez vous-mêmes; il en est temps encore peut-être, sachez accepter franchement ce que vous ne sauriez empêcher, cédez à la force des choses, et surtout, respectez désormais ce peuple que vous n'avez pas su comprendre et qui vient de vous donner une leçon si grande et si belle.

Revenons au point de départ de cette discussion, et, disons-le, quels que soient nos regrets de la mesure qui a frappé les étrangers et dont la promptitude fait craindre qu'elle n'ait peut-être pas été examinée avec toute la maturité nécessaire, nous comprenons les embarras du gouvernement et nous ne voulons pas plus y ajouter en cette occasion que nous ne l'avons fait dans les questions qui touchent au travail, il ne nous reste qu'une chose à faire, c'est d'agir dans les élections, de façon à ce que tout ce qui est décidé aujourd'hui ne soit pas une déception à ajouter à tant d'autres. Si le peuple n'est pas représenté dans l'Assemblée nationale, la révolution de février n'aura été qu'un changement de ministère; il faut donc que des députés, choisis parmi les travailleurs, aillent créer et défendre la constitution nouvelle, nos sentiments et nos intérêts, qui seraient encore une fois méconnus et sacrifiés sans leur présence. Il faut des hommes du peuple à l'Assemblée constituante, pour qu'elle ait au plus haut degré l'énergie du sentiment national et patriotique; il en faut aussi pour que les questions d'économie politique, aujourd'hui soulevées, reçoivent une solution conforme à la justice et à l'intérêt de tous.

Si animés de bonnes intentions qu'on les suppose, les radicaux bourgeois ne savent pas, comme les ouvriers, les difficultés d'une bonne répartition des produits du travail; ils vont, en théorie, au-delà du possible; en fait, ils sont en arrière du juste; la preuve en est simple : c'est que les prud'hommes, l'obligation du livret et les lois sur les coalitions, existent encore. Donc tous les ouvriers se doivent à eux-mêmes et à la cause du travail, de porter aux élections des candidats choisis, surtout parmi les travailleurs, après avoir toutefois assuré l'élection de tous les chefs des écoles sociales qui n'auraient pas de chances suffisantes d'être élus dans les départements, cela ne veut pas dire que ces candidats seront tous élus; mille influences diverses en écarteront malheureusement la plus grande partie, qu'on y réfléchisse; Paris et Lyon sont à peu près les seules villes, les plus importantes, en raison de leur agglomération industrielle, dans lesquelles les ouvriers puissent espérer de faire passer quelques-uns de leurs candidats; les départements agricoles fourniront généralement des notabilités bourgeoises prises dans le barreau, dans la magistrature et le commerce. L'élément bourgeois (1) dominera dans l'Assemblée constituante; cela est hors de doute pour tout le monde; c'est à nous de faire que l'élément populaire y soit représenté, ne fût-ce que par quelques hommes du peuple qui demandent et soutiennent les droits et l'avenir des travailleurs.

(1) Nous savons que dans les rangs de la bourgeoisie, il se rencontre des cœurs généreux et désintéressés, pleins d'amour pour la démocratie. Mais quand nous employons le mot *bourgeois* dans cet écrit, c'est uniquement pour caractériser les habitudes générales de parcimonie et d'égoïsme qu'il représente. Nous opposons l'élément *bourgeois* à l'élément *populaire*, l'élément stationnaire et exclusif à l'élément progressiste de la société.

Trois partis se dessinent en France sous la nouveauté des formes politiques. Oui, aujourd'hui, comme au temps de notre première République, la société toute entière se trouve divisée en trois camps distincts. Leur force relative a seule changé ; et c'est dans ces modifications de rapport que consiste le progrès accompli depuis un demi-siècle.

Ces trois partis sont : le *Royalisme*, la *Gironde* et la *Montagne*. Le Royalisme est composé de presque tous ceux qui, par préjugé de naissance ou par position sociale, se croient intéressés à voir se relever un ordre de choses qui n'est plus de notre temps, et que le peuple a pour jamais effacé de ce monde ; la royauté, sous quelque nom qu'elle se présente, Orléans, Bonaparte, Bourbon, c'est de l'histoire, rien de plus.

La Gironde renferme dans son sein des hommes non moins habiles que les royalistes, mais plus dangereux cependant, ce sont les politiques purs, ce sont les partisans de la liberté, de l'individualisme ; ils ne connaissent d'égalité que devant la loi ; la fraternité, c'est pour eux tout au plus la charité ; les Girondins croient la République établie en son entier quand la royauté est à bas, la liberté de la presse proclamée, et les hommes en place remplacés par eux. Quant aux réformes radicales, portant sur les abus du droit de propriété individuelle, dans le but d'augmenter la richesse sociale, ils n'y songent point ; et ceux qui ont de semblables idées sont au moins, à leur dire, des fous dangereux ; le millionnaire et le mendiant leur semblent également libres, frères et égaux.

La Montagne, fidèle à son nom, considère les choses de plus haut ; tous les hommes lui paraissent appelés à jouir des bienfaits de la création, comme des lumières de l'esprit humain.

Pour la Montagne, la révolution n'a été que le premier pas d'une immense évolution sociale.

Pour la Montagne, le mouvement commencé au 24 février, n'a pas seulement un caractère politique, mais un caractère social; ce n'est pas entre le maître et l'esclave qu'a éclaté la lutte, c'est entre la misère extrême et l'extrême opulence. La Montagne seule, entre les trois partis existant, comprend le problème agité; seule elle pourra le résoudre; pour elle, la République, ce n'est pas la royauté sauf le roi, c'est le règne de tous pour tous. Le rôle de la Montagne sera rude et difficile, les hommes qui s'en voudront charger devront, avant tout, sonder leur courage et consulter leur force, car la haine du privilége sera grande contre les Montagnards; cependant, que la Montagne soit confiante, le peuple est juste, il ne lui fera pas défaut, le peuple sent bien que la Montagne seule peut prendre en main ses intérêts véritables, car la Montagne, issue du peuple, a souffert avec lui, pense comme lui, veut comme lui; il sait que la Montagne n'est autre chose que le peuple incarné.

J'ai vu sur une affiche, placardée contre les colonnes du Palais-de-Justice de Lyon, des listes de candidats, le quartier d'où elles émanent est une mauvaise recommandation pour ceux dont les noms qu'elle porte; ces noms, d'ailleurs, sont connus, et si l'on voulait prouver au peuple qu'on était Girondin, sinon Royaliste, on ne pouvait mieux choisir.

Espère-t-on en imposer à l'opinion publique en étalant aux yeux des citoyens une liste nombreuse, et s'imagine-t-on que le peuple avait besoin d'intermédiaire pour choisir ses représentants; de grâce, Messieurs les aristocrates, laissez-nous donc en paix, laissez au peuple le soin des élections qui le concernent. Il y a quelque temps, nous vivions sous le règne de l'aristocratie, vous manipuliez la matière électorale, c'était votre droit; aujourd'hui nous sommes en démocratie, l'affaire ne vous regarde plus; nous en sommes au règne du peuple, le 24 février a commencé une ère nouvelle; ce sont des hommes du peuple, des ouvriers, des travailleurs comme lui que le peuple enverra à l'Assemblée nationale. Ces députés-là ne porteront pas de musc, ils n'auront pas un binocle, leur chevelure ne sera pas également et soigneusement partagée, ils n'auront pas de gants, soit; et si jamais vous aviez l'honneur de vous approcher d'eux, vous pourriez voir sur leurs mains les durillons qu'y ont laissés le manche du marteau et leurs rudes outils; vous y verriez les gerçures témoins de leur infatigable labeur. Cela vous semble drôle, n'est-ce pas, et vous vous demandez comment ces gens parleront à la chambre; oh! rassurez-vous, ces gens mettront souvent un *s* à la place d'un *t*; ils soulèveront quelquefois le mépris de votre froide et stérile instruction d'académicien, mais ils ne laisseront jamais de coquins aux places que devraient occuper d'honnêtes gens.

On se raille de nous entendre dire qu'il faut envoyer des ouvriers à l'Assemblée nationale, c'est qu'il est, en effet, bien nouveau de voir celui qu'on avait toujours considéré comme un être abject, destiné à porter tout le fardeau social, prendre enfin part aux délibérations qui le concernent; nos virtuoses politiques se feront difficilement à l'idée de voir siéger, côte à côte avec eux, ceux-là même qu'ils ne regardaient, il y a quelque temps, qu'avec un dédain suprême.

Le paletot blanc du fashionable se trouvera, nous le savons, humilié de son contact avec la veste bleue du travailleur.

Quel que soit le dépit que devra causer à l'aristocratie ce qu'elle appelle une mésalliance de gouvernement, cette mésalliance aura lieu, à moins cependant que, mieux inspiré que nous ne l'espérons, le peuple n'envoie à la représentation que des hommes du peuple, des hommes de travail, de dévoûment et d'intelligence.

Mais combien nous craignons qu'il ne se laissera séduire à l'endroit de quelques faiseurs de grandes phrases !

Eblouis par le patriotisme extérieur et récent de certains hommes, les ouvriers, qui ne sont pas tous instruits de leurs droits et de leurs véritables devoirs, enverront peut-être à la représentation nationale quelques marchands de belles promesses, de préférence à des hommes intelligents et probes, pris au milieu de nos phalanges démocratiques.

Cependant, qui mieux que celui qui a vécu de sa vie, peut représenter le peuple et défendre sa cause légitime? Qui sentira mieux les douleurs du peuple que celui qui a souffert de ses douleurs?

Est-ce le riche, habitué dès son enfance au luxe, à l'oisiveté, à l'opulence, qui comprendra les haillons, l'activité, la misère du peuple?

Non, le riche sera blessé de la vue du pauvre; il en aura pitié peut-être, il le plaindra s'il est né miséricordieux; mais comme il n'a point partagé ses maux, il ne voudra jamais, pour les guérir, s'imposer les lourds sacrifices aux moyens desquels, seuls, on pourrait y apporter remède.

Le remède, aujourd'hui, consiste à soulager la misère du peuple au moyen de fondations républicaines, telles qu'ateliers nationaux, où tous trouveront un travail honorable et bien distribué; écoles nationales, pour tous, riches et pauvres; hôpitaux nationaux; non ces maisons de prétendue charité, où l'on fait mourir de faim sous prétexte de guérir de la fièvre, mais de véritables hôtels de la fraternité, pour les malades, les vieillards, les incurables et les orphelins.

Eh bien ! vous imaginez-vous que l'aristocratie soit capable de fonder ces institutions? Non, non; votre erreur serait grande, en vérité. L'aristocratie ne sait pas s'exécuter franchement, lorsque des grands sacrifices sont indispensables.

Si vous en voulez un exemple, la souscription dite *patriotique* vous le fournira; il est frappant pour tous les esprits. La perturbation des événements publics ont privé de travail, dans Lyon, plus de vingt mille ouvriers; pour venir en aide d'une manière efficace à ces travailleurs, il eût fallu au moins 50,000 francs par jour. Eh bien ! depuis qu'est ouverte la souscription, on n'a pu atteindre encore que le chiffre de 281,000 francs, un peu plus du cinquième de la somme indispensable, en réduisant à 2 fr. 50 c. par jour les secours accordés à chaque famille d'ouvriers sans travail.

Vous voyez donc avec évidence que la bourgeoisie, l'aristocratie même, dans les moments suprêmes, ne sait ou ne veut prendre aucune part à ces grandes mesures capables de sauver les empires, de sauver des frères; le peuple a prouvé depuis longtemps qu'il était capable de comprendre tous les nobles caractères, tous les sentiments élevés; du jour où l'on s'est adressé à son cœur, on a su tout ce qu'il y avait de grand, de généreux chez ce peuple à qui, jusqu'à présent, on avait jeté l'insulte et le mépris, nous qui l'avons vu de près. Nous avons pu l'apprécier, et nous savons tout ce que l'on peut espérer de lui après la magnanimité qu'il a montrée. Car, quelle conduite plus sublime que ce noble pardon des injures, que cet oubli de toutes souffrances ! Quoi, il est maître de la destinée de ces hommes qui l'ont laissé souffrir du froid, de la faim; de ces hommes qui l'ont jeté en prison lorsqu'il se révoltait contre la douleur et l'oppression, lorsqu'il osait se plaindre; de ces hommes qui apportaient sous son toit la honte et le déshonneur; il est maître de la destinée de ces fratricides, et il leur pardonne, et il leur serre la main. Ah! on a bien raison de dire que toutes les vertus sont l'apanage de ce peuple de travailleurs; car il souffre encore, et la Révolution n'a pu lui donner ce qui lui manque, mais il *espère* et cela suffit pour l'apaiser; qui pourrait ne pas se confier à lui après tant de générosité, et que ne peut-on pas attendre d'un gouvernement où tout doit être et sera pour le peuple et par le peuple?

Mais afin qu'il profite de sa victoire, il faut que tous ceux qui sentent cette obligation faite au fond du cœur, l'instruisent par tous les moyens qui sont en leur pouvoir. Bon et grand peuple, aujourd'hui que la fatigue de ta noble victoire commence à se dissiper, résume un peu ton histoire depuis le 24 février. Essuie ton sang, ta sueur et tes larmes; agenouille-toi devant Dieu; et à cette heure sainte et solennelle où tu vas reprendre la chaîne sacrée du travail, médite un instant sur tes destinées, descends dans ta conscience, interroge ton cœur, qui ne fait qu'un avec tes pensées, recueille-toi, bénis la Providence, et, avec l'aide divine, connais-toi toi-même; un abîme, où ton sang a coulé, sépare ton existence d'hier de celle d'aujourd'hui; hier, tu semblais écrasé, anéanti par la souffrance, la patrie était en danger, plus qu'elle ne le fut jamais, à l'aurore de notre République, car la honte pesait sur nous, et la honte est mortelle à cette nation qui s'appelle la France; hier, tout semblait perdu, et ceux même qui voyaient de près la puissance du mal, la croyaient établie pour longtemps encore. Un petit nombre triomphaient dans leur démence, beaucoup s'alarmaient vaguement du lendemain, aucun ne se sentait la force de résister, la plupart de ceux même qui exerçaient cette puissance impie, étaient plus près d'applaudir à sa défaite que d'aider à son triomphe; car, Dieu en soit loué, brave peuple, tes vrais ennemis ne sont pas nombreux; partout, l'impie est un être d'exception, et celui-là seul qui ne connaît pas Dieu, méconnaît son semblable.

Tu as été grand; tu es héroïque; ton audace dans le combat, ton sublime mépris du danger n'étonnent personne. Personne au monde n'eût osé nier les prodiges que tes vieillards, tes femmes et tes enfants savent accomplir; mais hier encore, toutes les aristocraties du monde avaient peur de toi et, doutant de ta clémence, pensaient qu'il fallait arrêter ton élan, ceux-ci par les armes de la violence, ceux-là par les armes de la ruse; tu avais prouvé cependant déjà que tu savais vaincre et pardonner; mais on avait accumulé tant des maux sur ta tête, on avait laissé commettre tant de forfaits contre toi, qu'on regardait sinon ta vengeance comme légitime, la vengeance ne peut jamais l'être, mais ta justice comme inévitable. Tu as prouvé une fois de plus à la terre et d'une manière plus éclatante qu'en aucun des jours consacrés par l'histoire, que tu étais la race magnanime par excellence, doux comme la force. O peuple! que tu es fort, puisque tu es si bon! tu es le meilleur des amis, et ceux qui ont eu le bonheur de te préférer à toute affection privée, de mettre en toi leur confiance, de te sacrifier, quand il l'a fallu, leurs plus intimes affections, leurs plus chers intérêts, exposé leur amour-propre à d'amères railleries, ceux qui ont prié pour toi et qui ont souffert avec toi, ceux-là sont bien récompensés, aujourd'hui qu'ils peuvent être fiers de toi et voir ta vertu proclamée enfin à la face du ciel. Venez tous, morts illustres, maîtres et martyrs vénérés, venez voir ce qui se passe maintenant sur la terre; viens le premier, ô Christ! roi des victimes, et, à ta suite, le long cortége de ceux qui ont vécu du souffle de ton esprit, et qui ont péri dans les supplices pour avoir aimé ton peuple!

Venez, venez en foule, et que votre esprit soit parmi nous. Ce peuple intelligent, qu'on a volontairement et criminellement privé de la connaissance de sa propre histoire, ignore beaucoup de vos noms, et a méconnu peut-être plus d'une fois vos œuvres; mais il lui faudra bien peu de temps pour tout savoir, car il est jeune, et, pour illuminer sa pensée, il ne faut que quelques paroles de vérité recueillies par son cœur. Que sera donc ce peuple dans quelques années, quand lui-même, prenant le soin de se gouverner, crée les moyens de s'instruire. Tu vas régner, ô peuple! règne fraternellement avec tes égaux de toutes les classes, car la République, cette forme idéale des sociétés durables, proclame et consacre, devant l'univers qu'elle prend à témoin de son serment, l'égalité des droits de tous les hommes; tu vas régner, tu vas être initié aux carrières de ceux de tes frères que, hier encore, on appelait tes maîtres; tu vas, en échange de la science sociale qu'ils avaient en vain cherchée sans toi, mais dont ils possèdent les éléments tout préparés, leur donner la lumière de ton âme, qui est toute d'instinct et toute de pureté et n'a été ternie par aucun sophisme. Ne t'y trompes pas, ô peuple! les savants du siècle ne savent pas tout, quelques-uns ont menti; plusieurs ont cherché avec sincérité, beaucoup se sont trompés, en cherchant trop loin une vérité qui était proche; aucun, à l'heure qu'il est, ne pourrait, sans crime ou sans folie, te dire qu'il possède la vérité complète. Et comment le pourrait-il? où l'aurait-il donc trouvée; est-elle dans les livres? oui, jusqu'à un certain point : elle est dans la religion, dans les traditions, dans les grandes œuvres de l'esprit humain, dans les enseignements de l'histoire, dans les inspirations de la conscience individuelle, comme dans l'action éternellement progressive et collective de l'humanité; mais elle y est d'une manière incomplète, tantôt trop abstraite, tantôt trop relative; elle ne s'y trouve point formulée par l'application immédiate; elle n'est pas raisonnée et mise en harmonie avec la grande révolution qui nous enveloppe et qui nous a surpris tous, maîtres et valets, simples et docteurs.

Une vie nouvelle commence; nous allons nous connaître, nous allons nous aimer, nous allons chercher ensemble et trouver la vérité sociale. Elle est au concours, nous l'eussions cherchée en vain les uns sans les autres, nous la trouverons, non pas sans doute demain, non pas peut-être dans nos premières assemblées nationales, mais avec le temps, les essais, l'expérience, et surtout avec l'esprit d'union et de sincérité sans lequel la République est impossible; ce progrès, qui eût fait un pas d'enfant chaque siècle avec le régime d'hier, fera un pas de géant chaque année avec le régime de la démocratie. Aide-nous, ô peuple fraternel! à conquérir l'égalité dont nous avons tous besoin; car le tyran, tu le sais, est aussi malheureux que l'esclave, et l'expérience du règne qui vient de s'évanouir avait fait de la plupart d'entre nous des tyrans malgré nous; le bien-être qu'on n'espère pas faire partager aux autres et dont on jouit sans pouvoir l'étendre à tous ses semblables, est un remords qui opprime l'âme et trouble le sommeil; plains-nous de l'avoir oubliée longtemps cette souffrance indicible, et fais-la cesser, toi qui as la grande âme de la patrie, de l'humanité.

Résumons-nous en nous serrant la main avant de

nous parler encore, la vérité sociale n'est pas formulée, tu voudrais en vain l'arracher de la poitrine de tes mandataires que tu as élus dans un jour de victoire; ils la veulent à coup sûr, puisque tu as cru en eux et ne te trompe jamais dans tes grandes heures de libre inspiration; mais la loi de l'humanité est que la vérité ne se trouve pas dans l'isolement et qu'il y faut le concours de tous; l'isolement se confond avec le vieux régime de la séparation des intérêts et des droits, ce régime tombe à jamais devant le mot sacré de République, tu vas exercer ton droit, apporter la lumière de ton âme et le vote de ta conscience. Patience et la justice ! Honneur à toi, peuple, aujourd'hui comme hier,

VIVE LA RÉPUBLIQUE !

En ce moment solennel, une étude piquante, digne de tout notre intérêt, serait de comparer entre elles nos différentes phases révolutionnaires, ces rapprochements historiques auraient en même temps pour résultat de faire ressortir les avantages de notre situation. Ma témérité ne devrait pas entreprendre même un simple essai sur cette matière; mais j'ai puisé mon assurance dans cette pensée que tout citoyen, quelque petite que soit sa sphère, doit à la République le faible tribut de son patriotisme.

Je n'aspire point à élaborer un traité complet sur cette question, ce serait une folle prétention de ma part, mon esquisse même manquera de l'ensemble qui devrait la caractériser, ou du moins, pour lier entre elles toutes ses parties, il m'aurait fallu un plus grand espace. Elle se borne à présenter des faits détachés et groupés comme au hasard; ces faits ne sont point dignes d'être présentés à la phalange mieux favorisée des hommes de lettres : je m'adresse particulièrement à la masse de mes frères, peut-être pourront-ils y puiser quelque vérité utile, c'est là ma seule ambition.

Je ne puis résister au désir d'exposer d'abord un tableau comparatif de nos quatre dernières révolutions sous deux points de vues distincts : 1° La progression décroissante de leur durée est remarquable : 1789, 3 ans ; 1815, 3 mois ; 1830, 3 jours ; 1848, 3 heures ; ces nombres ne sont pas, il s'en faut, d'une précision mathématique, ils sont empruntés au *Charivari* qui, le premier, a établi ces rapports. 2° Le chiffre approximatif des victimes décroît aussi dans une proportion fort curieuse : 300,000 environ ; 30,000 ; 3,000 ; 300. Le traitement fait au roi parjure mérite encore d'être relaté ; en 93 il fut exécuté à mort pour la sûreté de l'Etat ; en 1830, il fut escorté jusqu'à Cherbourg par simple mesure de précaution ; en 1848, on ne s'en inquiète pas ; la nation semble lui dire, du haut de son char de triomphe : « Va où tu voudras. »

Les révolutions à venir seraient instantanées, si elles n'étaient impossibles ; cette impossibilité découle de ce qu'il y aura union intime entre l'armée et le peuple, et de ce que la majorité réelle de la nation fera désormais la loi, il n'y a plus de longue guerre civile possible ; toute question politique ou sociale sera vidée par la discussion et par le nombre des voix. La Révolutian de 93 avait violemment froissé la noblesse et le clergé ; la classe des privilégiés se voyait anéantie ; de là les émigrations, de là les capitaux retirés de la circulation.

Le trône des anciens rois de France avait jeté de profondes racines dans une partie de la nation ; Louis XVI invoquait de bonne foi le droit de la légitimité. De là les résistances d'une minorité aristocratique, dont le principal préjugé était de regarder comme impossible un gouvernement qui serait l'expression de la volonté générale. Les contre-révolutionnaires de 89 étaient fanatiques pour la plupart, et poussaient leurs partisans à toutes sortes d'excès pour rendre impossible la royauté constitutionnelle; de là les mesures de rigueur décrétées par l'énergie patriotique, qui a signalé cette époque; mesures outre-passées par ceux qui débordaient le gouvernement.

Comparez notre situation à celle de 93; la France a vu avec plaisir la chute d'un pouvoir qui rencontrait peu de sympathies dans le pays; une minorité orgueilleuse voulait s'imposer à la nation et substituer les calculs dynastiques à l'intérêt général; cette minorité factieuse a été engloutie dans l'abîme qu'elle avait creusé sous ses pas, la nation a revendiqué ses droits, et force est restée à la majorité du pays. Voilà le triomphe par lequel nous avons signalé notre retour à l'équilibre; un pouvoir aveugle a été emporté par la tempête populaire que son audace avait suscitée; déraciné sans efforts, le caprice du sort l'a jeté, comme un vain jouet, par-delà les mers; étrange événement qui déjà, comme un coup de foudre, a frappé les rois oppresseurs. La révolution de Février n'est pas le fruit de l'inconstance française, ni l'éclat d'une boutade momentanée; elle s'était constituée lentement par les progrès de la raison populaire; elle s'était intronisée dans nos principes et dans nos croyances politiques à la hauteur desquels un pouvoir anti-français refusait de marcher; aussi a-t-elle été saluée dans toutes les provinces par des acclamations unanimes.

En 93, la masse du peuple français n'était pas suffisamment éclairée; son ignorance était un obstacle à l'exercice de ses droits, les excès étaient inévitables, car il était facile d'entraîner les fluctuations de la masse dans des voies opposées. Le royaume se divisait en factions rebelles ou provocatrices; les patriotes d'une part, les réactionnaires de l'autre; les premiers tenaient les rênes du gouvernement, ou défendaient l'intégrité du territoire contre les rois réunis ; à Paris et aux frontières, à la tribune et à l'armée, ils se conduisaient tous en héros.

Aujourd'hui, les éléments d'une contre-révolution sont nuls à l'intérieur, le fanatisme n'est plus ; le vieux principe du droit divin est un préjugé qui excite la pitié, les émigrations ne sont pas à craindre ; une réaction de la part des mécontents n'est pas non plus à redouter ; leur minorité, fraction imperceptible dans la masse compacte de la nation, est réduite à l'impuissance ; le peuple a été préparé de longue main au grand fait qui vient de s'accomplir. Ce mouvement a été préparé par nos souffrances et par l'infamie qu'un ministre rétrograde imprimait à notre front. Grâce aux progrès de la raison et à l'amour de la patrie qui nous rallie tous, le fractionnement de la nation est désormais impossible ; il n'y a de possible que l'entraînement des masses dans un but d'utilité publique. La nation, en un mot, est mûre pour la République ; aussi, au premier cri de liberté, la France s'est levée comme un seul homme, heureuse qu'elle était d'avoir secoué le joug d'un gouvernement égoïste.

A l'extérieur aussi tout est changé ; les éléments de réaction sont disséminés ; il n'est guère possible de les réunir, les trônes s'écroulent, chacun dans sa sphère, au frottement des idées libérales. La Révolution de 92 avaient provoqué, de la part des rois, ce qu'ils appelaient une sainte et légitime colère ; c'était en effet une insolence rare que de leur jeter en défi la tête d'un roi. Aujourd'hui, en présence des luttes incessantes qui règnent dans leurs Etats, nos immortelles journées de Février les ont saisis, pour la plupart, d'une terreur secrète ; ils se garderont bien de courir la chance d'une guerre européenne ; ce serait jouer leur dernier jeton ;

leurs soldats, quoique esclaves du despotisme, répondraient mollement à leur appel.

Le mouvement de 92 avait excité les alarmes des peuples allemands; ils croyaient alors que nos principes étaient hostiles à leurs intérêts; aujourd'hui, ils ont compris que notre élan est le signal de l'affranchissement des peuples; aussi l'Allemagne a-t-elle répondu avec enthousiasme à notre premier cri de liberté.

Le czar seul s'avisera-t-il de prendre une attitude menaçante, ne sait-il pas que la condition d'équilibre pour lui est de tenir son épée dans les reins de la Pologne; la Pologne se réveille par suite de notre commotion électrique et s'apprête à briser ses chaînes. Rien n'est impossible à des hommes qu'anime l'amour de la patrie, l'autocrate a la conscience de son isolement et de sa faiblesse; voyez avec quelle rage frénétique il nous adresse des provocations. Croit-il donc pouvoir terrifier les peuples par de vaines menaces; les temps sont changés; les rois ne sont grands que parce que des esclaves sont à leurs genoux. Les Suédois, les Polonais, les Turcs et les Circassiens vont rivaliser de courage pour reprendre leurs provinces conquises; la justice de leur cause, le feu sacré de la patrie feront naître des prodiges de valeur; l'empire russe, environné d'une ceinture de baïonnettes vengeresses, sera entouré de toutes parts et réduit à l'état de puissance secondaire. L'expérience de ces dernières années a enfin convaincu l'Allemagne de cette vérité, que l'alliance avec la Russie lui a toujours été plus funeste que son inimitié; aussi elle se rallie à tous les peuples qui ont intérêt à former de la nation polonaise un puissant boulevart contre l'humeur envahissante de l'autocrate. Au premier coup de canon, les Prussiens franchiront leurs frontières pour soutenir les Polonais, la France sommera le czar de respecter la nationalité polonaise, garantie par les traités, et volera au secours de ses alliés naturels.

En résumé, notre mouvement révolutionnaire a rempli l'espace qui sépare 89 de 1848. Il a produit des marches et des contre-marches, des essais et des réactions. Aujourd'hui, la dernière heure des révolutions a sonné; nous entrons dans une ère nouvelle, l'ère de la République reconquise à jamais. Jeune France, que tu es heureuse; tes pères ont fondé une constitution au prix de leur sang; toi, tu jouiras paisiblement du fruit de leurs immortels travaux; seras-tu reconnaissante de ces bienfaits? Tes fils seront-ils dignes de leurs devanciers, que dis-je? au lieu d'exciter votre courage, je dois plutôt chercher à le retenir; oui, j'entends votre voix qui me répond : « Dans nos cœurs le feu du patriotisme s'assou« pit quelquefois, mais il ne s'éteint jamais. » Les taches faites à l'honneur national, les hommes nouveaux de Février les ont lavées. Le nom français brille d'une splendeur nouvelle; j'ai confiance en vous, la République se maintiendra par votre accord; dans votre génie patriotique vous puiserez mille inspirations pour réchauffer les timides et confondre les sceptiques. Si un de vos frères pose de bonne foi cette question : La République pourra-t-elle devenir un gouvernement régulier? Faites-lui d'abord observer que ce doute est un blasphème, un outrage fait à la nation, un manque de confiance dans la majorité de son pays. Appelez ensuite son attention sur les décrets de la Providence, déroulez à ses yeux les plus belles pages de l'histoire moderne, montrez-lui les différentes phases par lesquelles a passé l'esprit humain, donnez-lui les preuves du développement rapide de la raison populaire, terminée par un appel à son bon sens. Aimez-vous votre pays? Eh bien, dans ces circonstances graves, prêtez-nous l'appui de votre patriotisme, tout citoyen français qui n'est pas spontanément républicain, doit l'être par raison. Dans cet empressement de tous les honnêtes gens à concourir au salut de la patrie, votre mission se réduira-t-elle donc à un rôle d'inertie? Rassurez encore son courage contre l'attitude des puissances étrangères, abandonnée à ses seules forces, la France a résisté bien souvent à l'Europe réunie. Les preuves historiques abondent pour établir la supériorité de nos armes, il suffira de citer notre glorieuse lutte de 93. La France avait peu de ressources matérielles; nos arsenaux étaient vides; nos soldats étaient mal vêtus et mal nourris, leur valeur suppléa tout, leur force était dans la conscience de leurs droits. La République s'est sauvée elle-même pendant une période de douze ans; c'est le despotisme militaire qui l'a perdue; Bonaparte d'abord l'a sauvée, mais Napoléon l'a épuisée; le général a été fidèle à la République, mais le dictateur a oublié son origine populaire.

Dans son orgueil, n'a-t-il pas reproduit sous une autre forme, le fameux mot de Louis XIV: « L'Etat, c'est « moi. »

La France n'est pas seulement une puissance militaire, elle est encore une puissance démocratique. L'armée c'est beaucoup, mais séparée de la nation, elle est bientôt réduite à néant. Tel est le secret de la chute de Napoléon.

Aujourd'hui les rôles sont changés; les peuples connaissent leurs droits; ils sont tous amis de la France. Dans ce grand courant qui les entraîne vers la liberté, les rois, à leur tour, se trouvent dans l'isolement. Insensés! comprenez donc les rapports qui vous lient naturellement à ceux que vous appelez vos sujets; si le désir du bien-être général est un mobile nul pour vous, subissez le sort d'être traînés à la remorque par les nations;

résister à l'entraînement des masses ou à leurs besoins est plus qu'un crime, c'est une faute qui vous expose aux plus terribles conséquences; lorsque l'heure de la justice des peuples aura sonné, vos regrets seront superflus. Si la paix de l'Europe est troublée, jamais guerre continentale n'aura commencé sous des auspices plus favorables à la cause des peuples; la France n'aspire pas aux conquêtes militaires; aussi la guerre n'aura lieu qu'autant que l'oppression de nos alliés sera pour nous une cause provocatrice. Quel serait donc le prince assez fou pour se porter à de pareils excès? Le souvenir des prodiges de nos soldats d'Austerlitz et de Marengo, s'est-il donc effacé de leur mémoire? Nous leur prouverons que notre race ne s'est point abâtardie. Indépendamment de nos ressources matérielles, nous avons encore une force morale immense; elle repose sur la conscience de nos droits, elle a pris un développement inconnu depuis la justification historique de ce nouvel adage: *Les rois s'en vont.* Notre force morale peut encore s'accroître par la propagande.

La propagande! voilà notre arme redoutable; par elle les trônes seraient ébranlés, et les rois tremblants fuiraient devant le flot populaire. Quel serait donc le roi assez dépourvu de sens pour nous déclarer la guerre? L'alliance impie des rois contre les peuples est désormais impossible; il n'y a de possible que la sainte ligue des peuples contre les rois. Vive donc à jamais la République française! L'Italie, la Pologne et l'Allemagne vont bientôt se rallier à la même forme de gouvernement. Vive la République universelle!

AMÉLIORATION DU SORT DES TRAVAILLEURS.

Une des plus urgentes, des plus indispensables et, disons le bien haut, une des plus légitimes améliorations que le pays ait le droit d'attendre de la nouvelle assemblée constituante, c'est l'amélioration immédiate, instantanée et progressive, l'amélioration morale et matérielle du sort des travailleurs. Faite par le peuple et pour le peuple, la révolution nouvelle doit profiter avant tout au peuple. C'est pour avoir oublié et méconnu ces droits inaliénables et sacrés du peuple, que tant de dynasties se sont écroulées. Or, les travailleurs, cette majorité si imposante, si respectable et si digne d'intérêt de la grande famille, ne sauraient être désormais déçus dans leurs justes espérances, si ce n'est par un fratricide inqualifiable, par une espèce de sacrilége qui couvrirait d'opprobre la mémoire de leurs auteurs et de leurs complices.

Oui, plus le peuple a été patient dans ses souffrances, héroïque dans la lutte, magnanime et généreux après la victoire, plus aussi tous les hommes libres, les hommes d'intelligence et de cœur, sincèrement républicains, doivent comprendre qu'enfin le jour de la réhabilitation est venu pour lui. O peuple ! tu as trop souffert ! Ton sang et ta sueur ont fertilisé le sol de la patrie. Espère donc, peuple magnanime, la patrie ne te sera pas ingrate !

Or, voici ce que nous demandons ici d'avance, et ce que nous ne cesserons de demander pour toi, de toutes les forces de nos sympathies et de nos convictions, aux plus vertueux représentants de tes intérêts, aux plus dignes et aux plus dévoués défenseurs de tes droits.

Améliorer le plus promptement possible, par tous les moyens que le droit, la justice et toutes les ressources du pays offrent aux législateurs le sort des soldats du travail :

1° Par l'association libre, pacifique et fraternelle du capital et de la main d'œuvre ; par l'établissement dans chaque ville de vastes ateliers nationaux sous la direction de citoyens intègres et laborieux, choisis parmi les maîtres et les ouvriers les plus intelligents, ateliers destinés spécialement aux vieillards, aux infirmes et aux enfants des travailleurs ;

2° Par la fondation dans tous les départements de caisses de prévoyance et d'encouragement pour le travail, destinées à subvenir chaque année aux frais d'établissement d'une ou plusieurs fabriques dirigées par les maîtres d'ateliers et ouvriers, choisis et reconnus par un jury spécial, comme les plus laborieux, les plus capables ;

Par l'établissement dans chaque chef-lieu de département, à l'imitation de Paris, d'un vaste hospice réservé aux invalides du travail, qui y trouveraient, après une vie de privations et de fatigues, le calme , le repos, tous les soins et tous les égards dus au travail et à la vieillesse ;

4° En associant et en fédéralisant en quelque sorte le capital et le salaire, c'est-à-dire le chef producteur, le maître d'atelier, l'ouvrier et le consommateur, dont un jury industriel, renouvelé chaque année, serait chargé d'établir, de protéger la solidarité et la mutualité d'intérêts ;

5° En ouvrant partout des chantiers et des ateliers modèles, où seraient formés, aux frais de l'état et des départements, de bons apprentis dans toutes les branches d'industrie nationale ;

6° En diminuant, par une répartition plus équitable de l'impôt, les charges qui pèsent sur l'artisan des grandes villes ; en abolissant même, dans l'avenir le plus prochain, la plupart des taxes ou impositions qui écrasent l'ouvrier des grandes cités : on sait que pour lui tous les genres d'améliorations sont toujours beaucoup plus coûteux que pour les habitants des campagnes ;

7°. En rendant libres désormais de tous droits d'entrée dans les grandes villes, principalement les objets de consommation indispensable, les objets de première nécessité pour l'ouvrier, tels que le vin, la viande, le sel, etc.

Car, nous l'avouerons ici, avec un sentiment de douloureuse indignation, ç'a été jusqu'à ce jour une criante iniquité, une injustice sans nom, que de condamner le pauvre habitant des grandes villes, quand son corps succombait à la peine, que de le condamner, disons-nous, à se passer de vin, parce que la cherté de cette boisson, plus que doublée par le fisc, lui en rendait l'usage impossible. Amélioration morale du sort des travailleurs : tous les enfants des travailleurs sont les enfants adoptifs de la patrie.

Tous les enfants du peuple devraient être élevés et instruits jusqu'à l'âge de douze ans, aux frais de l'Etat ; les notions élémentaires d'histoire, de morale, l'enseignement du dessin, des mathématiques devraient être donnés gratuitement à tous les enfants des travailleurs. L'oisiveté, fille de l'esclavage, est l'idole des monarchies ; au contraire, le travail fait la principale force et toute la gloire d'une République. La patrie, nous le répétons, est la mère adoptive de tous les enfants du travail.

Un moraliste moderne nous cite quelque part le trait suivant d'un puissant rajah ou prince indien, qui, pour avoir sans cesse présentes à ses regards les moindres souffrances de son peuple, avait fait couvrir tous les murs de son palais de plusieurs tableaux immenses, représentant chacune des misères et des infortunes qu'il était en son pouvoir de soulager.

Notre rajah indien ne se couchait pas avant d'avoir jeté un dernier regard interrogateur sur chacune de ces peintures des souffrances populaires, et, semblable à l'empereur romain dont l'histoire a célébré l'humanité, il regardait sa journée comme perdue lorsqu'il s'apercevait par hasard qu'il avait oublié d'en soulager une seule. Sans nous arrêter ici au sens plus merveilleux sans doute qu'authentique de cette légende orientale, nous ne pouvons taire la pensée qu'elle a éveillée en nous. Cette pensée, la voici :

Ne serait-il pas à désirer que la salle des séances de nos représentants fût ainsi ornée de peintures dues au pinceau des maîtres de l'art moderne, lesquelles seraient déstinées à rappeler sans cesse aux regards comme à la mémoire de chaque député toutes les vertus et toutes les souffrances des soldats du travail.

O peuple ! tu as trop souffert ; mais patience encore quelque temps, patience ! et de dignes mandataires sauront bientôt faire respecter et prévaloir tous tes droits, tous les droits de la grande et noble famille des travailleurs. Or, nous demandons en terminant :

Moraliser le peuple par l'instruction et le travail, lui rendre tous ses droits en lui faisant comprendre tous ses devoirs, n'est-ce pas là une sainte et glorieuse mission offerte aux futurs législateurs.

Nous avons dit que le crédit avait momentanément disparu, et que le pays était privé d'une des sources les plus puissantes de sa prospérité et de sa grandeur. La République n'est point la cause absolue de ce malheur public; tôt ou tard il devait arriver, parce que le crédit, basé sur le commerce, est une ressource conventionnelle, mobile comme la fortune sur laquelle elle s'appuie, partageant toutes les chances bonnes ou mauvaises que les fluctuations de vente et d'achat, que les secousses politiques et sociales impriment aux transactions et à l'industrie.

Le crédit, tel que nous l'avions, n'était que le thermomètre de la richesse commerciale. Il était moins cette richesse que son expression, favorisant le développement de l'industrie, multipliant les affaires en temps de prospérite, il était impuissant en temps de crise ; il était la première victime de la moindre commotion. Timide et craintif, il fuyait devant le danger loin de le combattre : il était, si nous pouvons nous exprimer ainsi, un vaniteux prospérant dans la grandeur et s'écroulant sous l'infortune ; c'était donc une arme doublement dangereuse.

La République a été l'accident qui a déterminé sa ruine ; mais tout malheur porte son enseignement, et c'est à nous d'utiliser celui qui résulte de la situation actuelle. Le crédit de commerce est tombé parce qu'il était une multiplication fictive. Il ne faut pas que le crédit à organiser comme secours immédiat dans le présent, comme réserve, comme soutien dans l'avenir, soit constitué sur des bases aussi fragiles. Il faut qu'il représente, dans son plus grand dévoloppement, une valeur réelle, positive; il faut que la circulation qu'il créera, pour être à l'abri de toute atteinte, repose sur une garantie inamovible, impérissable; il faut que s'il crée 10, 15, 20 milliards de ressources, il possède 10, 15, 20 milliards de fortune, afin que le premier vent qui soufflera ne fasse pas incliner notre barque. Or, le crédit, ainsi entendu, ainsi défini, la propriété seule peut le donner : la propriété immobilière, les champs, les bois, les maisons. Cette valeur immense que la France s'est aveuglément obstinée à condamner au repos perpétuel.

Avant de demander à la propriété l'énergique concours qu'elle peut donner au pays, il faut, pour asseoir solidement l'édifice que nous voulons construire, l'organiser convenablement elle-même ; l'affranchir des entraves qui la gênent, des hypothèques qui l'écrasent, abroger des lois qui, loin de la fortifier, de la protéger, sont autant de liens inutiles imposés à sa perfection, à l'accroissement de sa valeur, à l'augmentation de ses produits.

Comme le commerce et à cause du commerce, la propriété souffre ; pauvre, déshéritée, elle avait eu recours aussi à ce crédit artificiel, le seul qui fut mis à la disposition du pays ; elle lui avait demandé une assistance onéreuse. Presque tous les propriétaires ont eu un intérêt dans quelque entreprise industrielle ou des engagements commerciaux à satisfaire ; cet auxiliaire était demandé par la propriété, temporairement, en attendant des hypothèques. Aussi, bien que les dettes commerciales à la charge des propriétaires soient considérables, leur chiffre n'est rien, mis en regard de celui des inscriptions hypothécaires, les dettes de cette seconde nature s'élèvent, pour la propriété en France, à 11 ou 12 milliards, et la propriété privée ne représente qu'une valeur de 60 milliards environ. En renouvelant, sur ce total, un calcul déjà fait partiellement, nous trouvons que 12 milliards de dettes coûtent à la propriété :

Annuellement à 6 1/4.	750,000,000
Elle paie en impôts directs et autres.	450,000,000
Elle paie donc	1,200,000,000

Et ne rapporte, en évaluant son revenu à 3 0/0, que 1,800 millions; soit 1 0/0 net. Voilà donc le plus positif de la fortune de la France, réduit à un revenu de 1 0/0. La condamnation du système actuel est dans ce seul mot.

Nous admettrons momentanément que les chiffres que nous invoquons ne sont peut-être pas rigoureusement vrais dans leur évaluation; mais, pour que notre raisonnement ne perde rien de sa force, il suffit de savoir qu'ils le sont très approximativement dans leurs rapports entr'eux; le résultat de nos observations subsiste donc tout entier.

Il résulte que le crédit commercial, complètement éteint, ne peut renaître qu'à une époque très incertaine, d'autant plus incertaine que, loin d'aller par sa résurrection au-devant de la reprise des affaires, il ne devra sa vie future qu'à leur prospérité éventuelle. Il résulte encore des motifs allégués par nous, que la propriété peut seule corriger la fatale influence de la crise actuelle, et éviter pour l'avenir le retour de dangers analogues. Nous nous plaçons en face des deux sources de la richesse nationale : le crédit commercial et le crédit immobilier, les deux instruments de la production française, et nous trouvons l'un paralysé, l'autre gravement compromis. Dégageons ce dernier, puisqu'il nous faut abandonner l'autre à lui-même; l'hypothèque a jusqu'à présent secouru la propriété en l'écrasant, mais nous ne lui faisons pas un crime de cette oppression, puisqu'une loi imprévoyante lui en avait reconnu et donné le droit, nous constatons le fait afin de ne rien omettre des détails qui peuvent faire apprécier avec justesse les idées que nous allons émettre. L'hypothèque est elle-même une propriété sacrée comme toutes les autres; mais si elle a droit aux mêmes garanties, elle ne doit réclamer aucun privilége exceptionnel, et ce serait un privilége que de la laisser en dehors des charges communes aux autres parties de la fortune particulière; il faut donc qu'elle paie un impôt. Outre l'impôt qu'elle devra payer, l'hypothèque n'est point, quelque rassurée qu'elle soit, à l'abri des dépréciations générales et de la gêne qui aujourd'hui frappe à toutes les portes; si nous lui demandons le moyen d'assurer la propriété, de l'organiser convenablement, nous fortifions son gage, nous lui donnons plus de valeur qu'il n'en a réellement.

En effet, qu'arriverait-il si les inscriptions hypothécaires échéant aujourd'hui, ou d'ici à quelques mois, exigeaient impérieusement le remboursement? Il arriverait que nous entasserions expropriations sur expropriations, ruines sur ruines, et que la propriété, avilie par des ventes imprudentes, par des adjudications forcées, ne couvrirait plus ces hypothèques qui se trouveraient ainsi dépossédées de leur droit par un remboursement partiel.

Cela tuerait tout à la fois la propriété foncière et la propriété hypothécaire, et si nous ajoutons l'abaissement, la destruction de ces richesses aux débris de la fortune industrielle et commerciale, nous ferions à la France républicaine un désastre effrayant, de ce qui doit former, au contraire, sa force, sa grandeur et sa richesse.

Dans cette occurrence, en face d'un avenir incertain, que nous ne voulons pas représenter comme rempli d'orages, mais où nous pouvons trouver des craintes, des indécisions, des agitations politiques au-dessus desquelles il faut maintenir autant que possible la vie matérielle du pays, afin de ne jamais compromettre sa vie morale, nous appelons l'attention des lecteurs sur les propositions suivantes :

1° L'Etat transporterait toutes les inscriptions hypothécaires au profit des bons de rente dont nous parlerons plus bas ;

2° Les garanties affectées aux créances hypothécaires continueraient de subsister, d'avoir la même destination; seulement la propriété n'aurait affaire qu'à un seul créancier, l'Etat ; et ce créancier exercerait une surveillance active, continuelle sur les gages qui lui seraient attribués ;

3° L'Etat, après un relevé exact des inscriptions aujourd'hui existantes, inscriptions sérieuses et solides, donnerait à chaque créancier un titre équivalant à l'intérêt annuel de sa créance à 5 p. 0/0, taux qui serait susceptible de réduction ; ce titre, négociable comme un coupon de rente, ne serait jamais confondu avec la dette publique, les propriétés hypothéquées aujourd'hui le seraient toujours au profit de cet ordre de rentes, et le capitaliste aurait ainsi la double garantie de l'Etat et de la propriété ;

4° L'Etat paierait lui-même tous les six mois l'intérêt, déduction faite de l'impôt auquel les capitaux seront assujettis ; il s'engagerait à le payer dans tous les cas, même dans celui où le propriétaire ne remboursant pas, il faudrait en venir vis-à-vis de lui à une expropriation ;

5° L'intérêt à percevoir, par l'Etat, du propriétaire hypothéqué, serait reçu comme un impôt et ajouté aux rôles actuels ;

6° Le propriétaire qui voudrait se libérer, achèterait des titres de rentes pour le capital dû par lui, et, sur la présentation de ces titres, obtiendrait la radiation de l'inscription à sa charge.

Ce système aurait pour conséquence de régulariser, à l'avenir, les hypothèques légales et de faire de l'Etat exclusivement, l'intermédiaire des prêts dont la propriété aurait besoin.

La propriété n'ayant plus en face d'elle un remboursement rapproché à faire, pourrait travailler avec sécurité, et produire de quoi payer les intérêts de ses dettes; n'étant plus menacée, elle acquerrait une valeur plus forte, et par ce fait, la créance qui repose sur elle deviendrait plus solide.

Qu'on ne se hâte pas trop de juger sévèrement un système que nous soumettons, du reste, à la discussion de tous. En face des embarras qui nous assiégent, nous cherchons, comme tout le monde doit chercher, non pas à faire prévaloir notre opinion, mais à en faire naître une qui soit juste et efficace, efficace surtout; la vérité naît souvent d'une erreur, et il suffit parfois de crier dans l'obscurité pour appeler la lumière.

Au milieu des émotions politiques, nous essayons d'esquisser à grands traits un projet que nous croyons utile; nous émettons l'idée, en appelant sur elle l'attention des hommes compétents.

Continuons de développer notre proposition, de discuter les inconvénients du système ancien et de montrer les avantages du nôtre par rapport au crédit public. —

Les hypothèques légales, souvent inconnues sous la législation actuelle, sont une menace définitive qui souvent éloigne les capitaux de la propriété. Dans le projet à réaliser, elles devraient être déclarées publiques, afin que la situation de chaque propriétaire soit loyale, claire et nette. Pour que la propriété soit forte, il faut la purger de mensonge; tant pis pour certains intérêts, certains amours-propres qui souffriront; l'intérêt public passe avant les convenances personnelles.

La propriété ainsi dégagée, ainsi constituée, pourra, à son tour, devenir un élément de circulation; elle pourra, elle, cette première base de la fortune publique, avoir ses signes représentatifs, n'est-elle pas comme l'argent, comme l'or, un capital réel, solide, plus solide même; ne peut-elle pas fournir aux échanges, aux transactions, au commerce, des facilités en multipliant les moyens d'opérer?

La valeur de l'argent et de l'or est elle-même une valeur conventionnelle et soumise à des fluctuations journalières; n'oublions pas que le titre seul des espèces monnayées est invariable, mais que leur valeur ne l'est pas.

Une pièce de 5 francs, par exemple, dans les mains de son propriétaire, ne représente pas seulement 5 francs, terme monétaire sans force par lui-même; elle représente surtout des objets que l'on peut acheter avec 5 fr. Eh bien! la valeur de 5 francs en espèces, dépend donc de ce que vaut l'objet qu'on veut se procurer. Voici ce qui rendra notre raisonnement plus intelligible: dans une année d'abondance, le 1/2 kilogramme de pain coûte 15 centimes, une pièce de 5 francs représente donc et vaut 16 kilogrammes de pain; l'année suivante peut être mauvaise, nous en avons une preuve récente et malheureuse; le pain alors se vendra 25 centimes le 1/2 kilogramme, la pièce de 5 francs ne présentera donc plus que 10 kilogrammes de pain; et par conséquent 5 francs de l'année précédente ne vaudront plus dans cette année de disette que 3 francs.

Les salaires, comme la production, augmentent ou abaissent la valeur de l'argent. Qu'un ouvrier, fabricant de blouses, demande un franc de plus pour la façon, la blouse de 5 francs en vaudra 6, et pour celui qui voudra l'acheter, la pièce de 5 francs aura, en un jour, subi la dépréciation d'un franc.

On ne peut donc pas dire que les signes représentatifs, même les espèces, aient une valeur fixe et invariable; nous ne leur reconnaissons qu'un mérite essentiel et commun à tous, c'est la circulation. Tout ce qui pourra, sous ce rapport, faire concurrence aux signes actuels, augmentera la fortune publique; la propriété, dès qu'elle sera devenue, sous une forme quelconque, agent de circulation, sera le plus actif et le plus puissant levier que nous puissions avoir à notre disposition.

La réforme hypothécaire, comme nous la proposons, est un acheminement décisif vers cette transformation; du premier pas, elle fait la conquête définitive de nos idées et de nos habitudes; elle met immédiatement en circulation des valeurs qui peuvent, en certains cas, remplacer les espèces; et ces valeurs, elle les place dans les mains les plus capables de les soutenir, d'en apprécier le mérite, d'en préparer la transmission, d'en faciliter le cours; elle donnera ainsi au commerce un énergique auxiliaire.

Ce n'est pas tout encore, des renseignements, aussi certains qu'ils puissent l'être en cette matière, nous ont rassurés sur les chiffres énoncés par nous, ces chiffres sont vrais. Or, des propriétés évaluées 60 milliards peuvent bien être hypothéquées pour 20, et puisqu'elles ne sont grevées que de 12 milliards, il en reste encore 8 de disponibles avec la plus entière sécurité. La disponibilité et l'emploi de ces 8 milliards, tel est le but que nous poursuivons depuis le commencement de ces articles.

Jusqu'à présent nous ne connaissons que des banques ayant un capital fixe de deux, trois ou quatre millions, non pas toujours en espèces, puisqu'elles ont transformé une partie de ce capital en rentes sur l'État, et autorisées par un privilége, dont nous ne discutons pas le mérite, à émettre du papier-monnaie pour une valeur

SOMMAIRE.

1° Organisation générale du travail, ancienne et moderne ; diverses questions dans l'intérêt de la nation républicaine et, principalement dédiées à tous nos F.·. travailleurs. 2° Améliorations du sort des travailleurs. 3° Association générale de toutes les industries. 4° Féodalité nouvelle (poésie). 5° Les amis et les ennemis de la République. 6° La République telle qu'elle doit être fondée. 7° Le vrai républicain. 8° Constitution des droits de l'homme et du citoyen. 9° Evénements de Paris (15 mai). 10° Journées des 23, 24, 25 et 26 juin 1848. 11° Institutions fiscales. 12° La République fondée sur l'ordre. 13° Discours prononcé au Club de la Liberté le 29 mars 1848. 14° Banque nationale française : *capital, intelligence, confiance*. 15° Liberté des élections, guide des électeurs. 16° Discours prononcé par M. de Laprade. 17° Le catholicisme et la démocratie. 18° La royauté et la monarchie de 1830. 19° Les hasards abondent dans la vie. 20° Les vrais anarchistes. 21° La République et la royauté. 22° Constitutions françaises comparées. 23° Rachat des chemins de fer. 24° Dernier rôle joué par l'Eglise. 25° Prise de la Bastille, le 14 juillet 1789. 26° Lettre adressée au citoyen Président du Comité des finances. 27° Première organisation générale du travail (premier système) ancien du temps de nos pères. 28° Deuxième organisation du travail (deuxième système). 29° Troisième organisation du travail moderne ou moyen de s'assurer soi-même en 30 ans un revenu de 3 fr. par jour, au moyen d'une société établie. 30° Institutions de garantie ; assurances. 31° La religion d'argent. 32° Traité sur l'affranchissement de l'impôt pour le travail personnel ou proportionnellement au gain. 33° Réforme générale sur les droits d'octrois qui pèsent sur les comestibles, tels que les viandes qui sont la nourriture la plus nutritive des travailleurs, et également sur les vins ordinaires en général, et l'abolition exclusive de l'impôt sur le sel. 34° Traité très étendu sur l'agriculture 35° Création d'écoles nationales et d'instruction publique pour tous les citoyens de toutes les classes et les rendre obligatoires à tous. 36° Traité sur les accapareurs de grains et de toute espèce de comestibles employés à la subsistance des travailleurs. 37° Traité sur les combustibles, tel que le charbon de terre qui sert de chauffage à la classe ouvrière dans plusieurs villes et plusieurs départements. 38° Problème du travail, théorie de l'association. 39° Du droit au travail et aux ateliers nationaux. 40° La liberté de la presse donnée par la loi de 1814. 41° Conséquences de la démagogie. 42° Histoire patriotique des Arbres de la Liberté. 43° La jeunesse et la pauvreté ou dans une mansarde à 20 ans. 44° Le catéchisme des ouvriers au nom de la *Liberté*, de l'*Egalité*, de la *Fraternité*. 45° Traité sur les droits des fonctionnaires publics et sur les droits des successions. 46° Reproches au gouvernement déchu. 47° Les causes du malaise social et leur remède. 48° Astrée, discours maçonique sur la justice dédiée à tous les F.·. M.·. et profanes de toute la surface de la terre. 49° Le purgatoire ou la poule d'or du Pape. 50° Prophétie de saint Césaire, évêque d'Arles, mort en 542, tirée d'un livre intitulé : *Libere Mirabilis*, suivie des prophéties de Napoléon à Ste-Hélène. 51° Plusieurs hymnes et chants patriotiques analogues au temps.

Se trouve chez les Libraires suivants :

A Lyon, GUILBERT, rue Puits-Gaillot, 3.
— AYNÉ fils, rue St-Dominique, 2.
— GIRAUDIER, place Bellecour, 17.
— BOHAIRE, rue Puits-Gaillot, 9.
— Charles SAVY, place Bellecour, 14.
— MÉRA fils, rue Lafont, 4.
— Mlle COTÉ, à Villefranche (Rhône).
Et chez l'Auteur, rue de l'Hôpital, 32, au 4e.

(Affranchir.)

Lyon, impr. veuve Ayné.

www.ingramcontent.com/pod-product-compliance
Lightning Source LLC
LaVergne TN
LVHW010059230826
846091LV00005B/2006

* 9 7 8 2 0 1 1 7 6 0 7 6 0 *